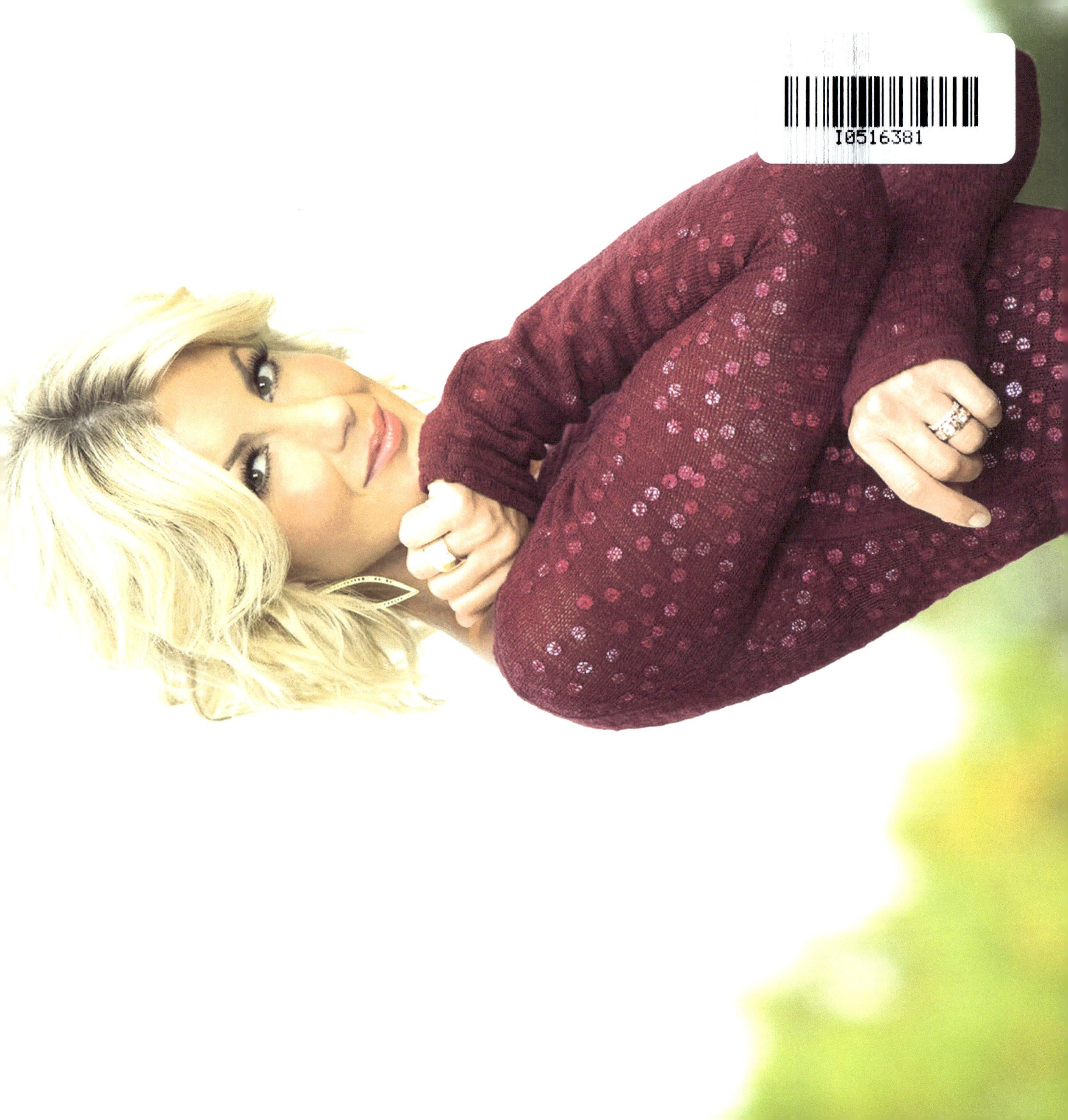

I0516381

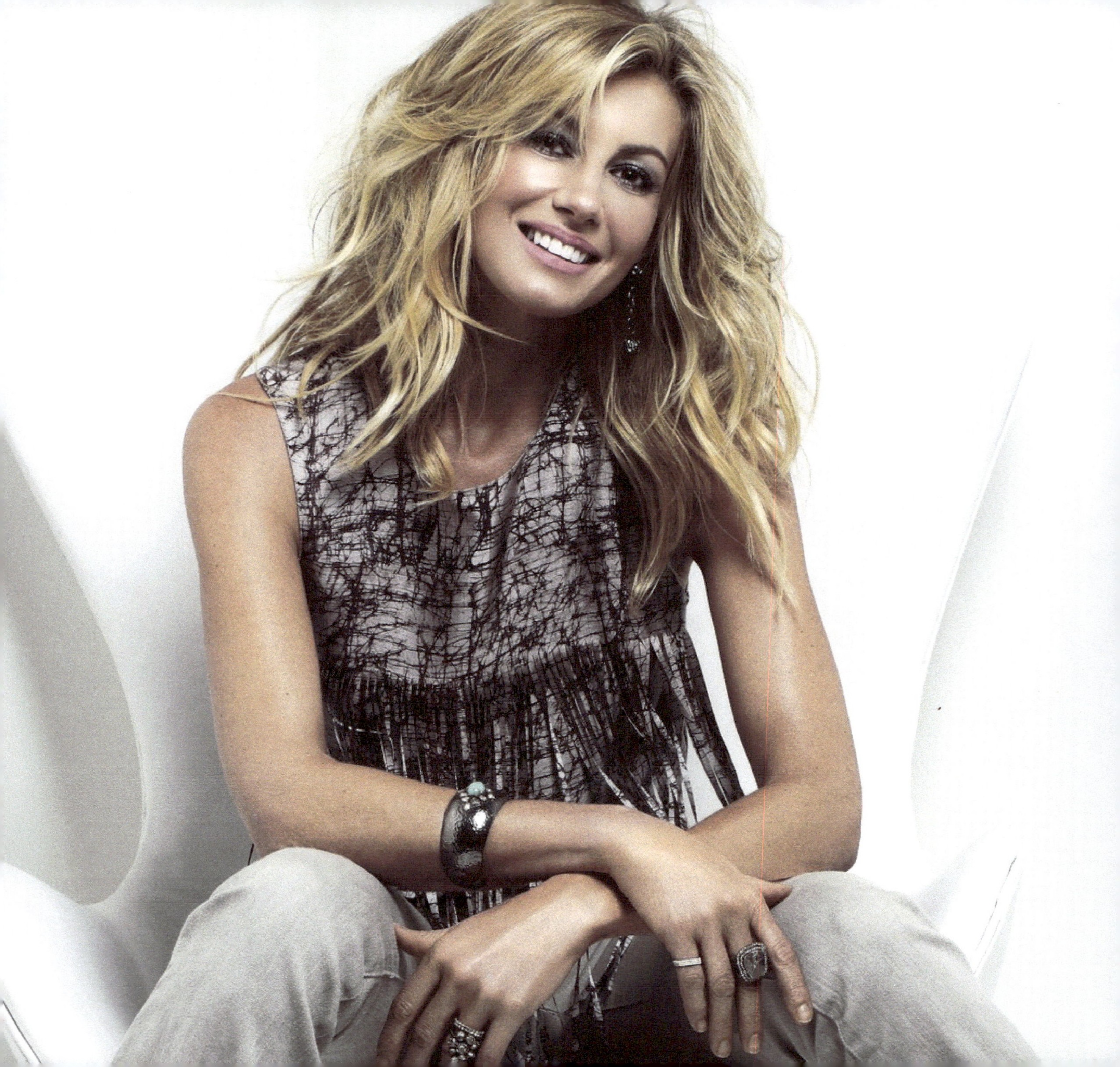

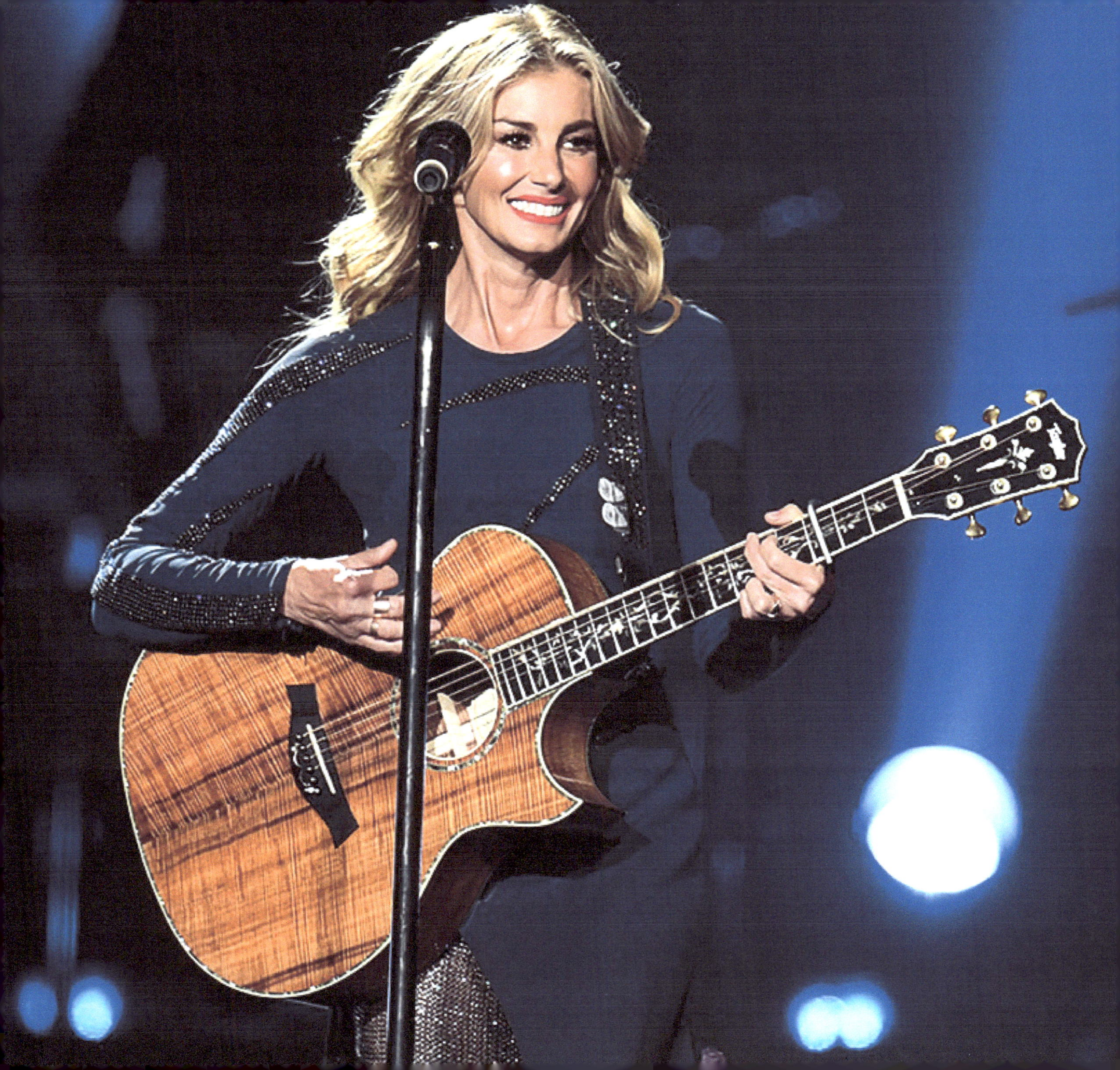

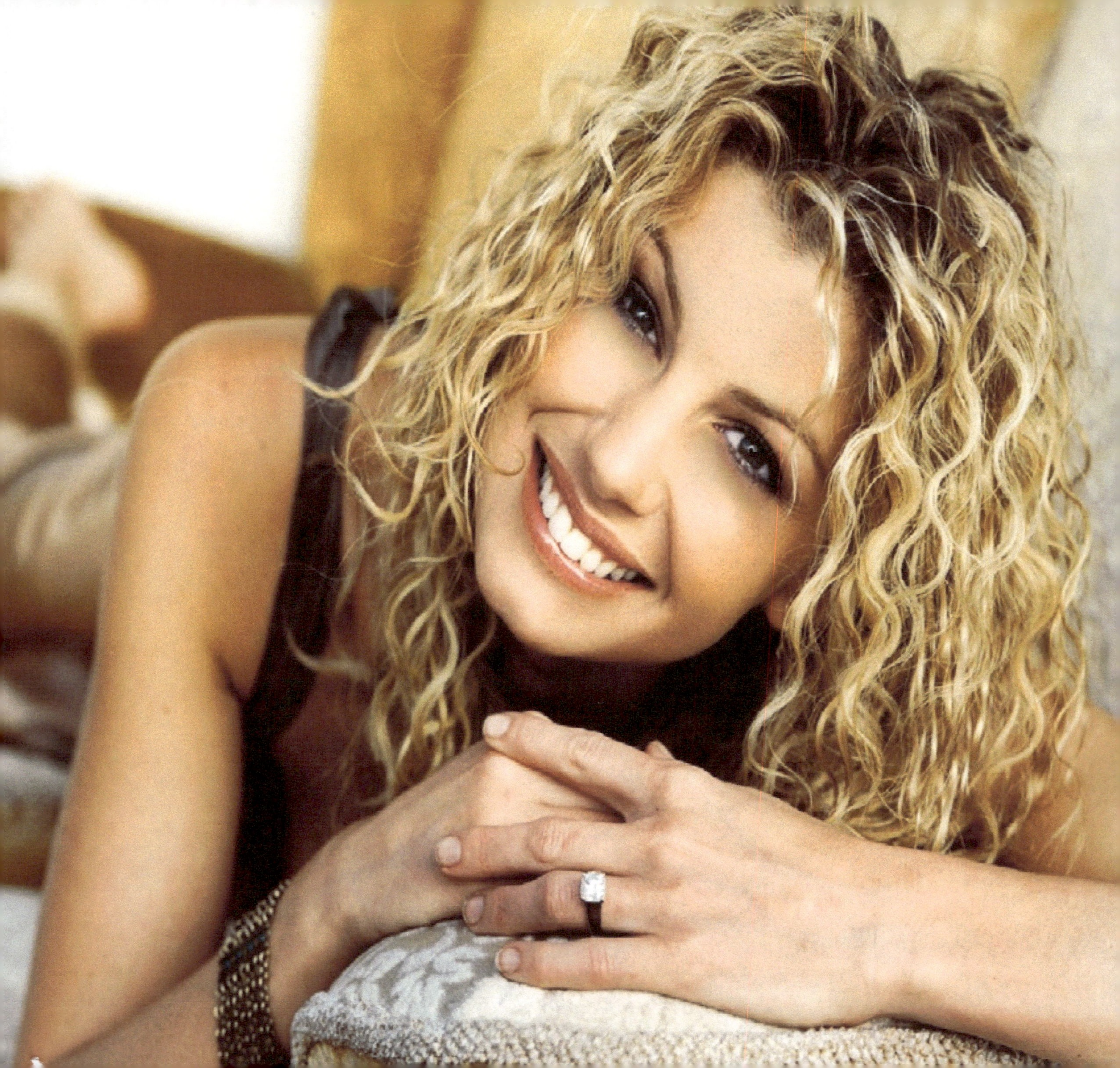

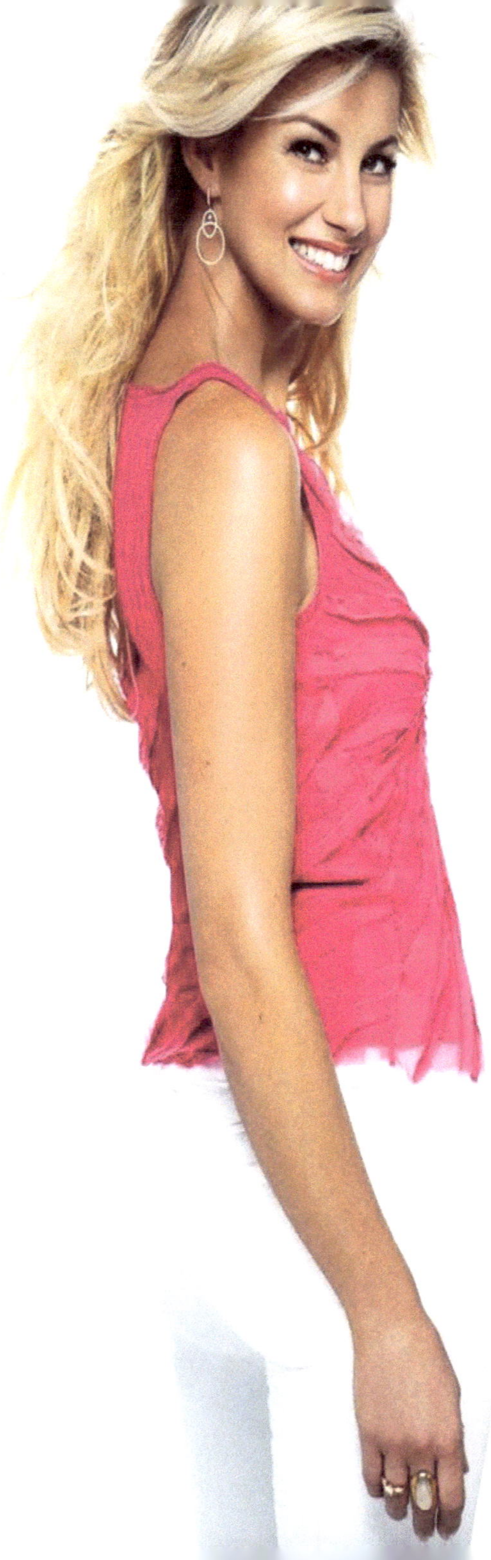

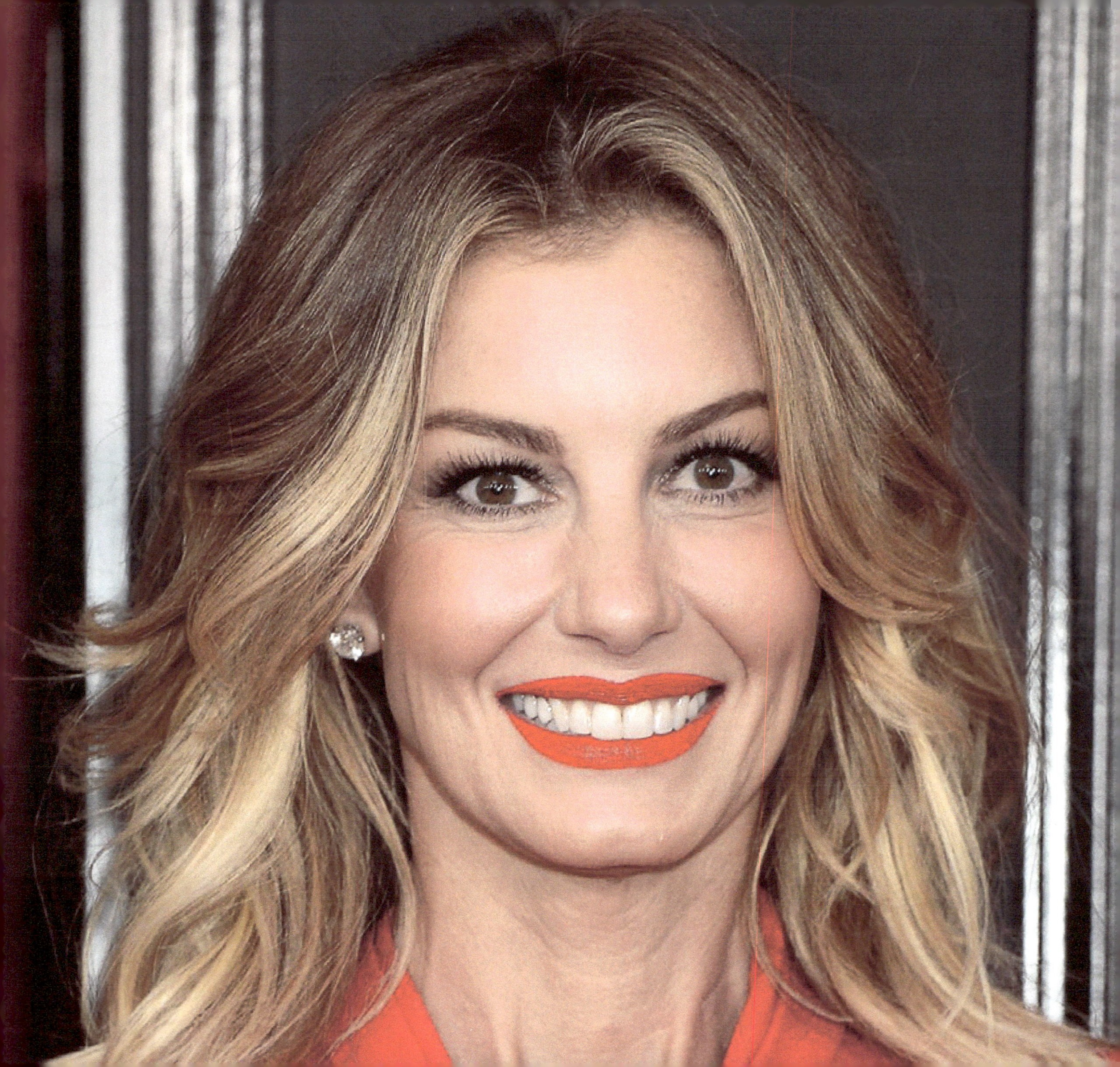

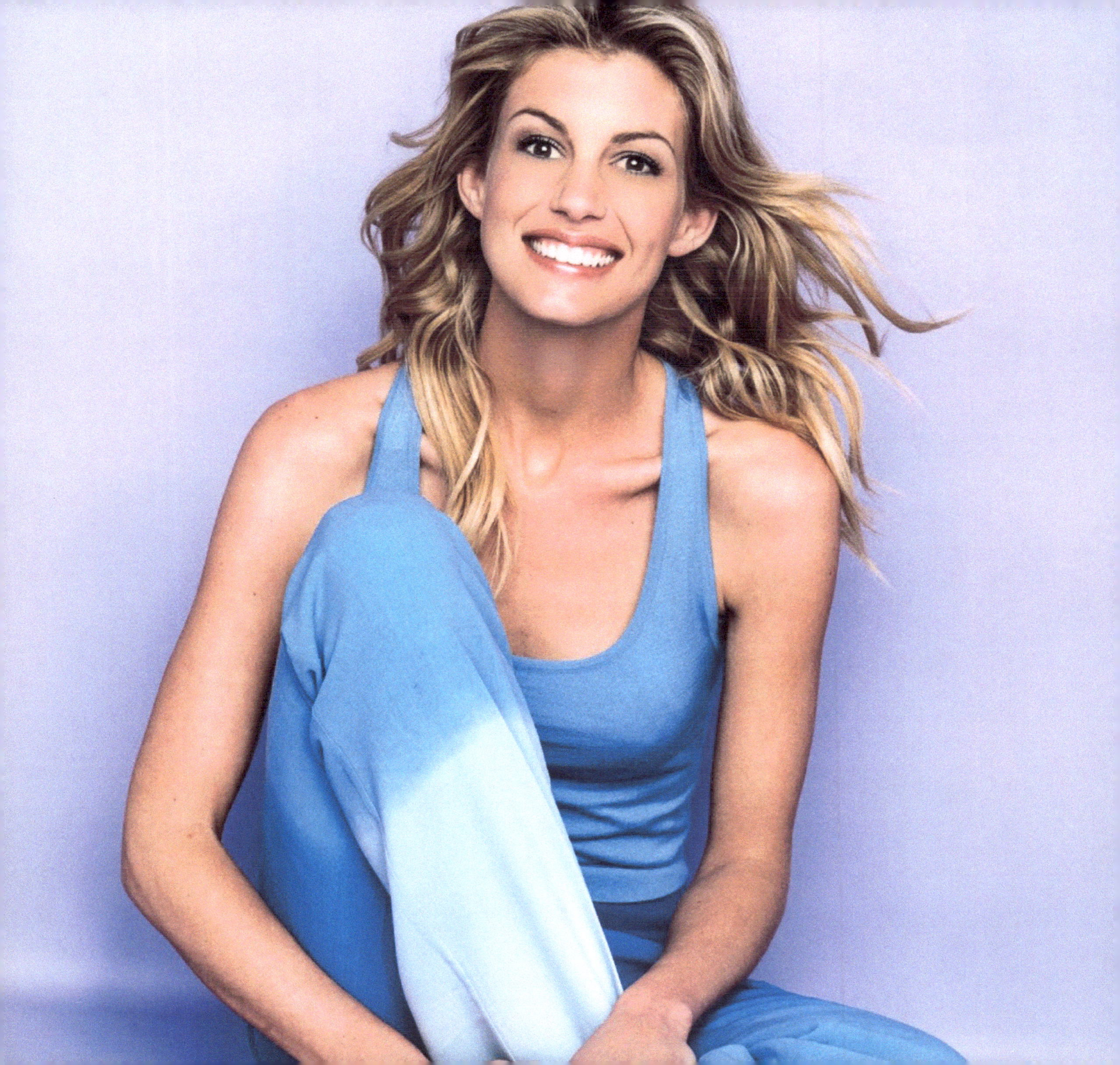

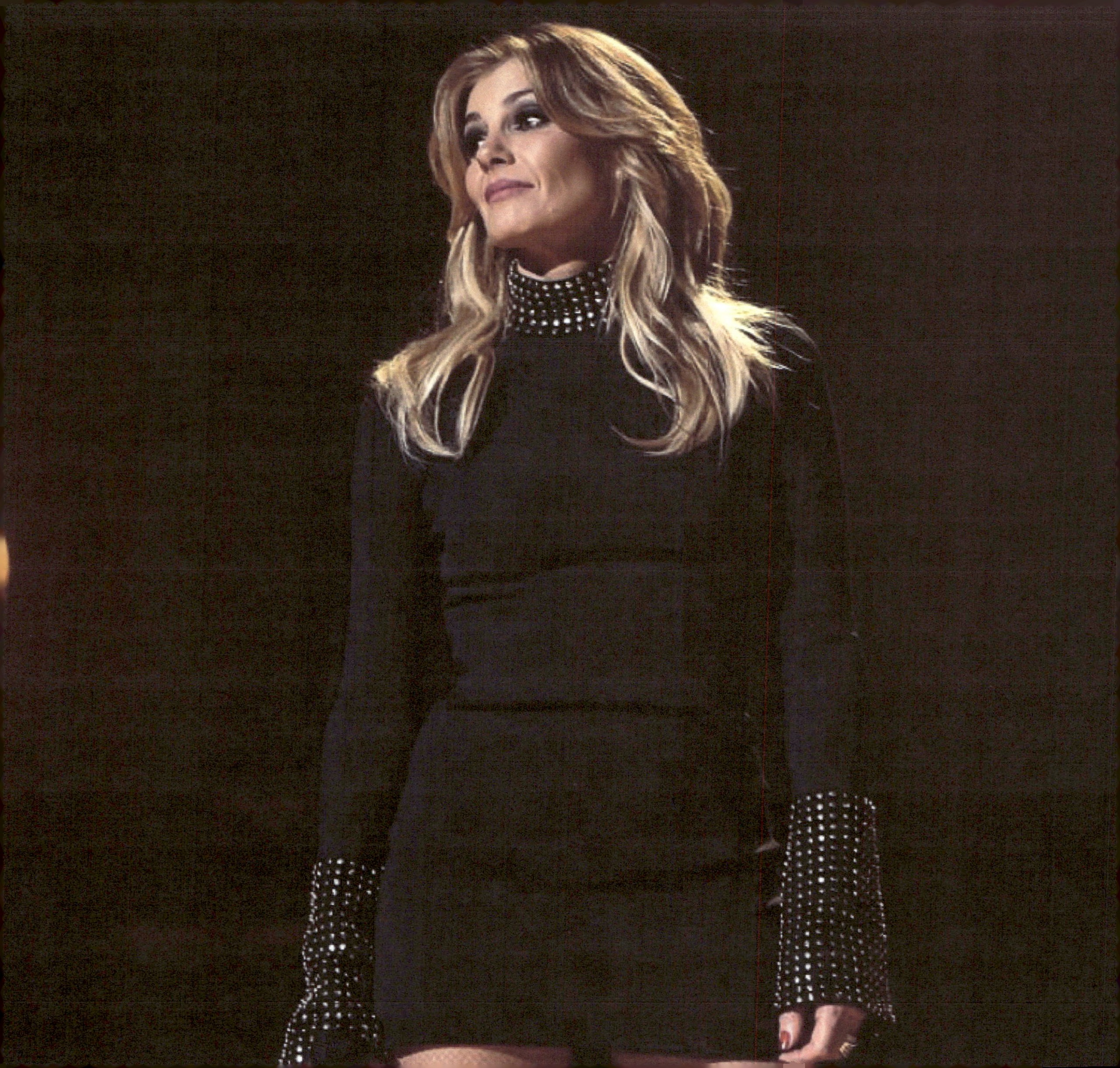

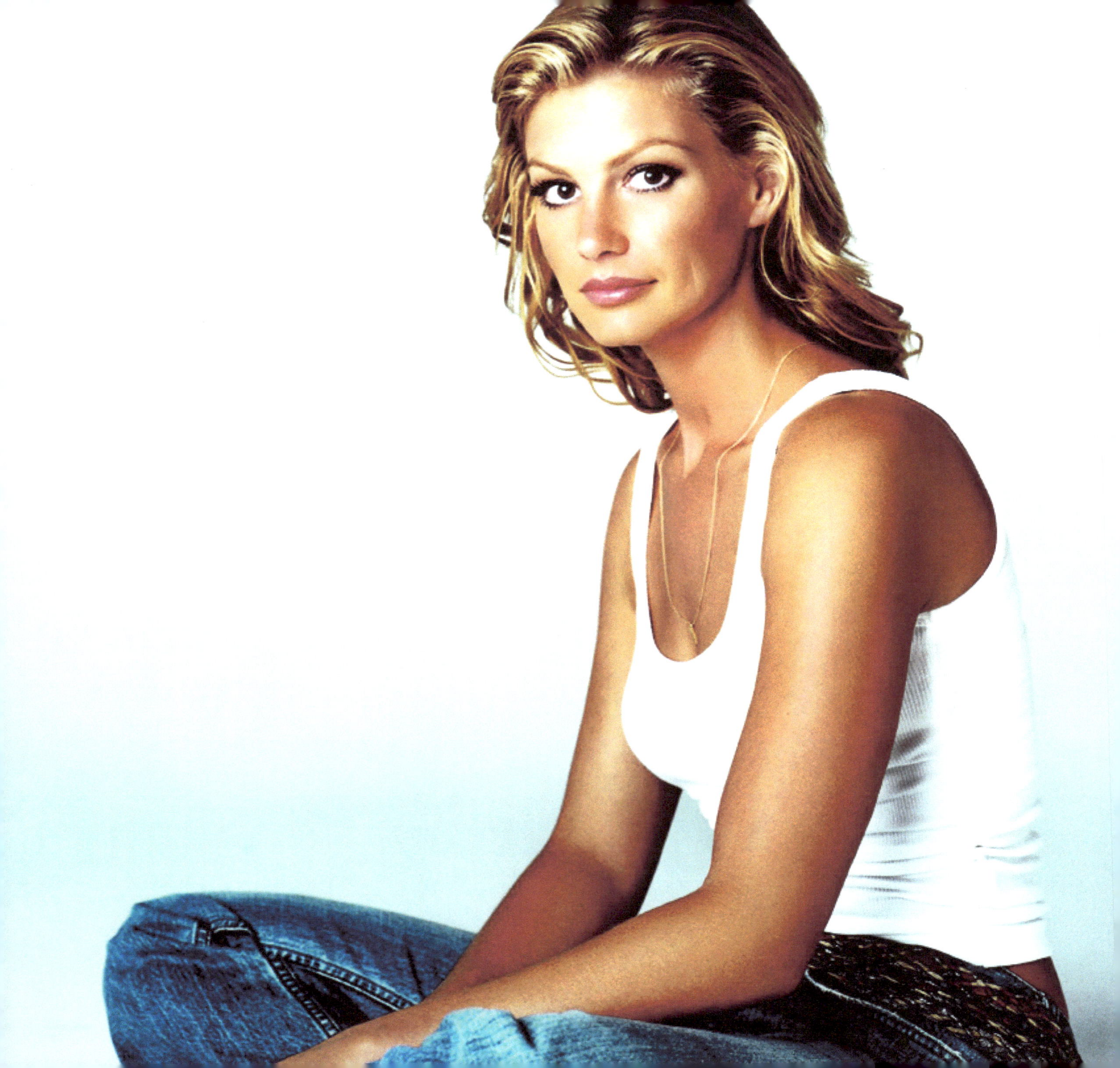

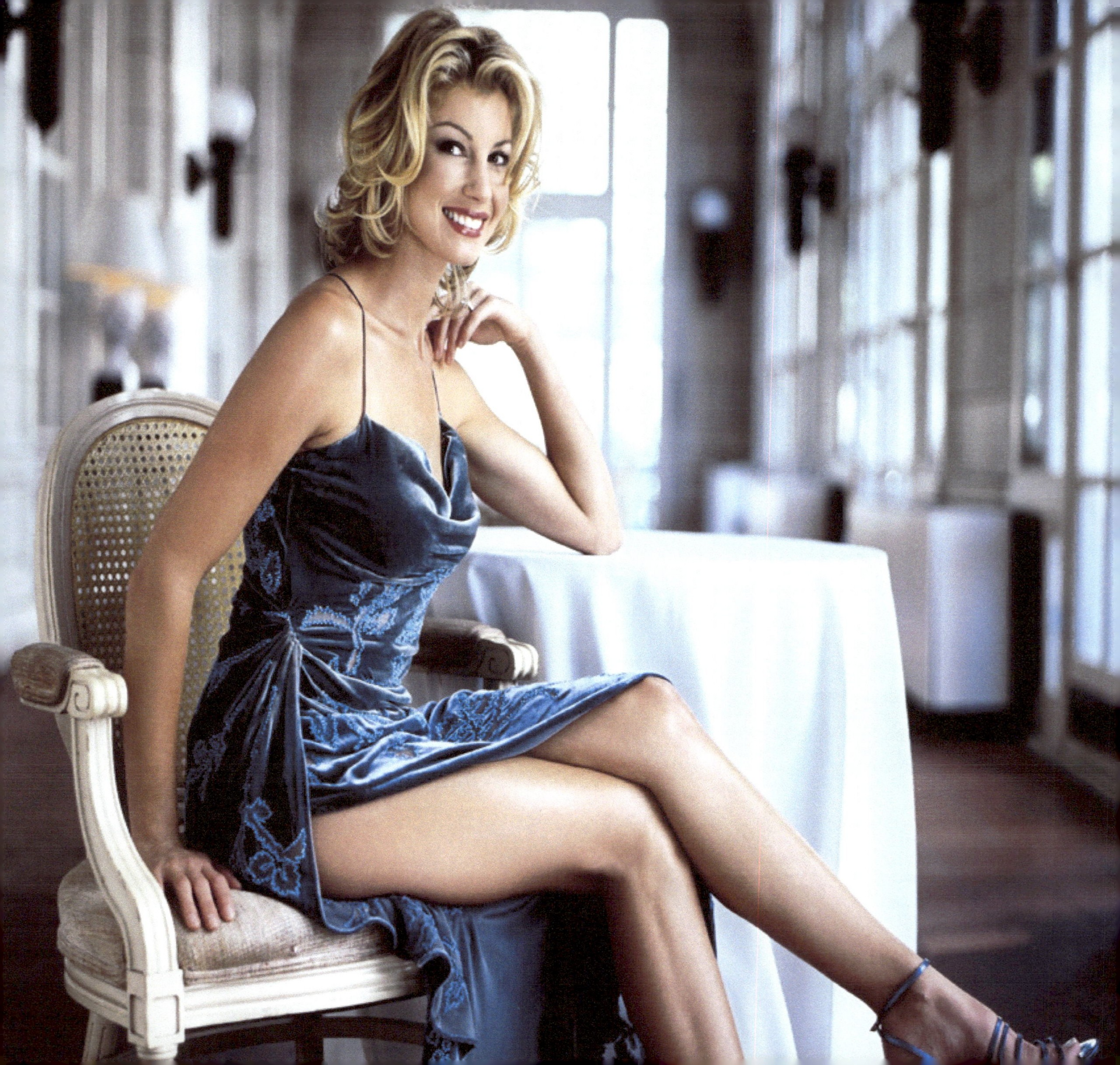

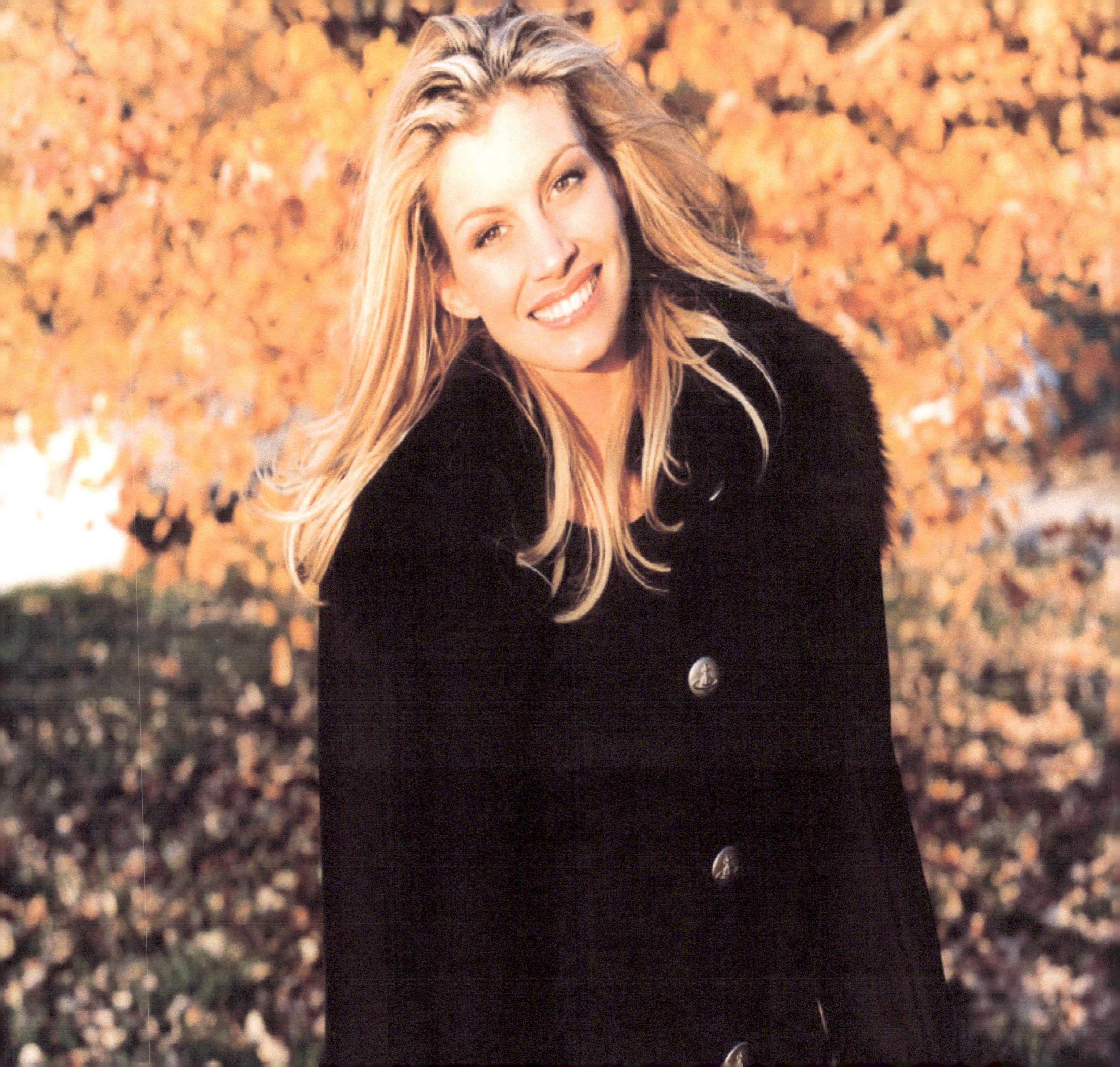

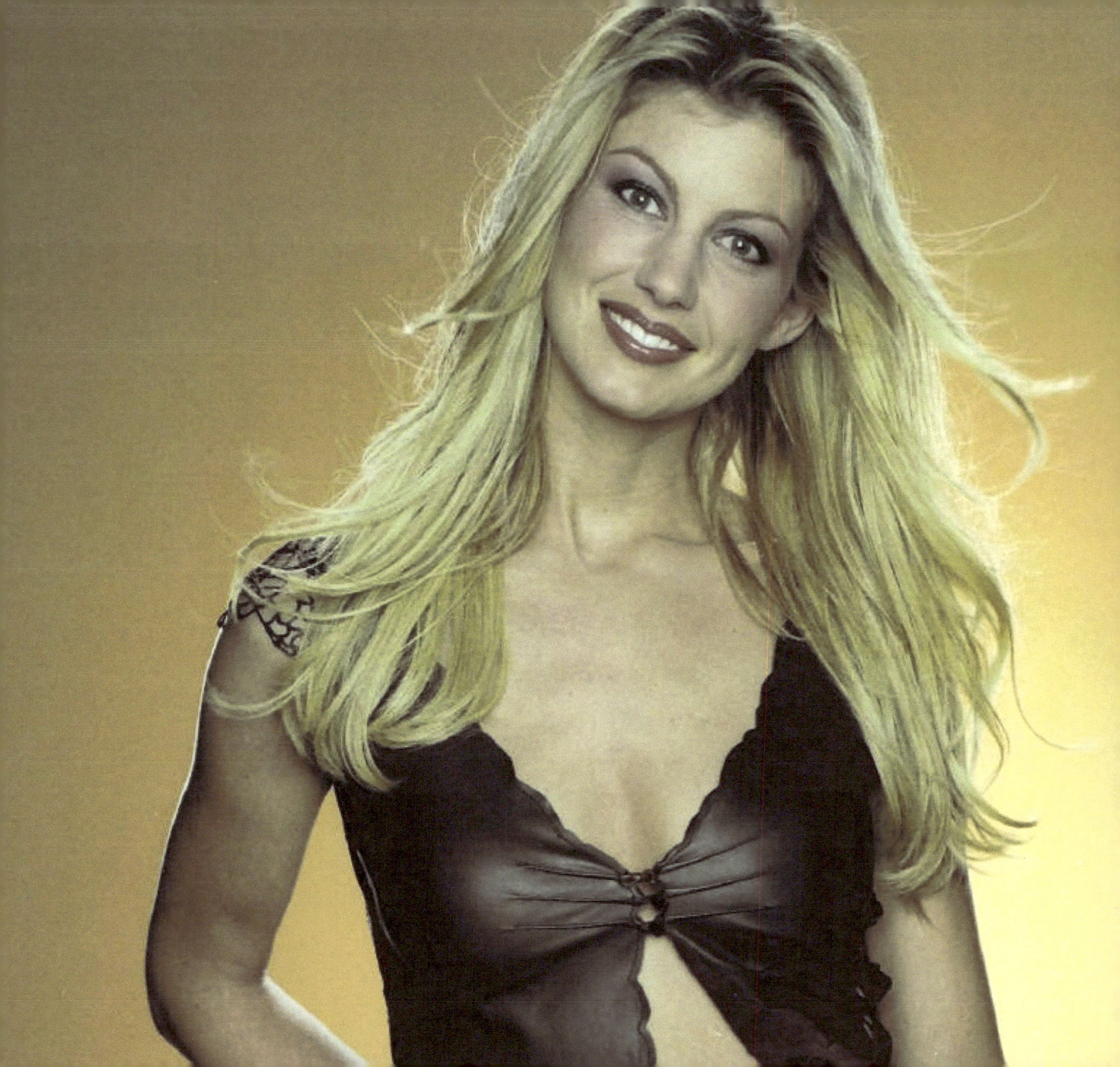

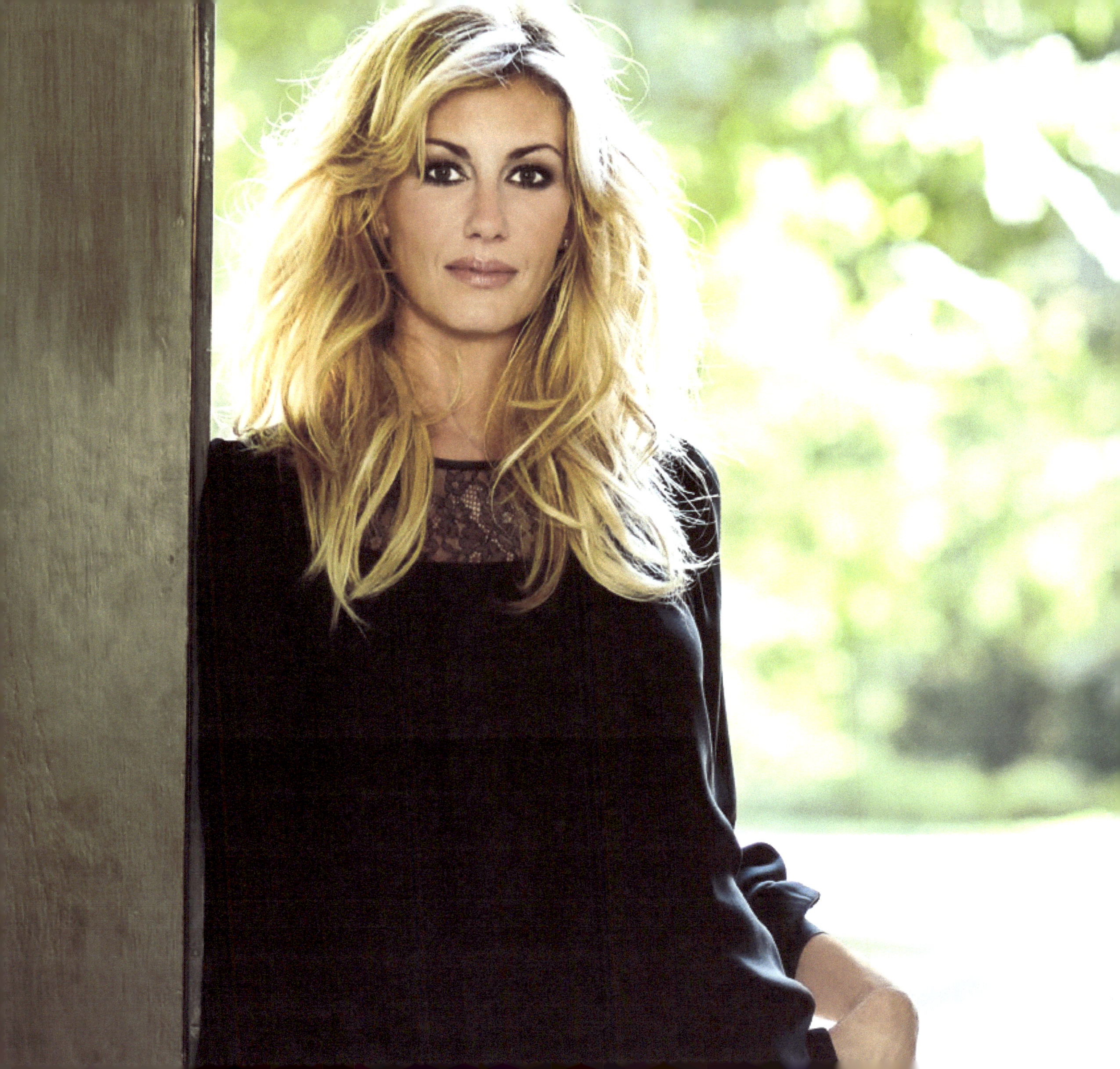

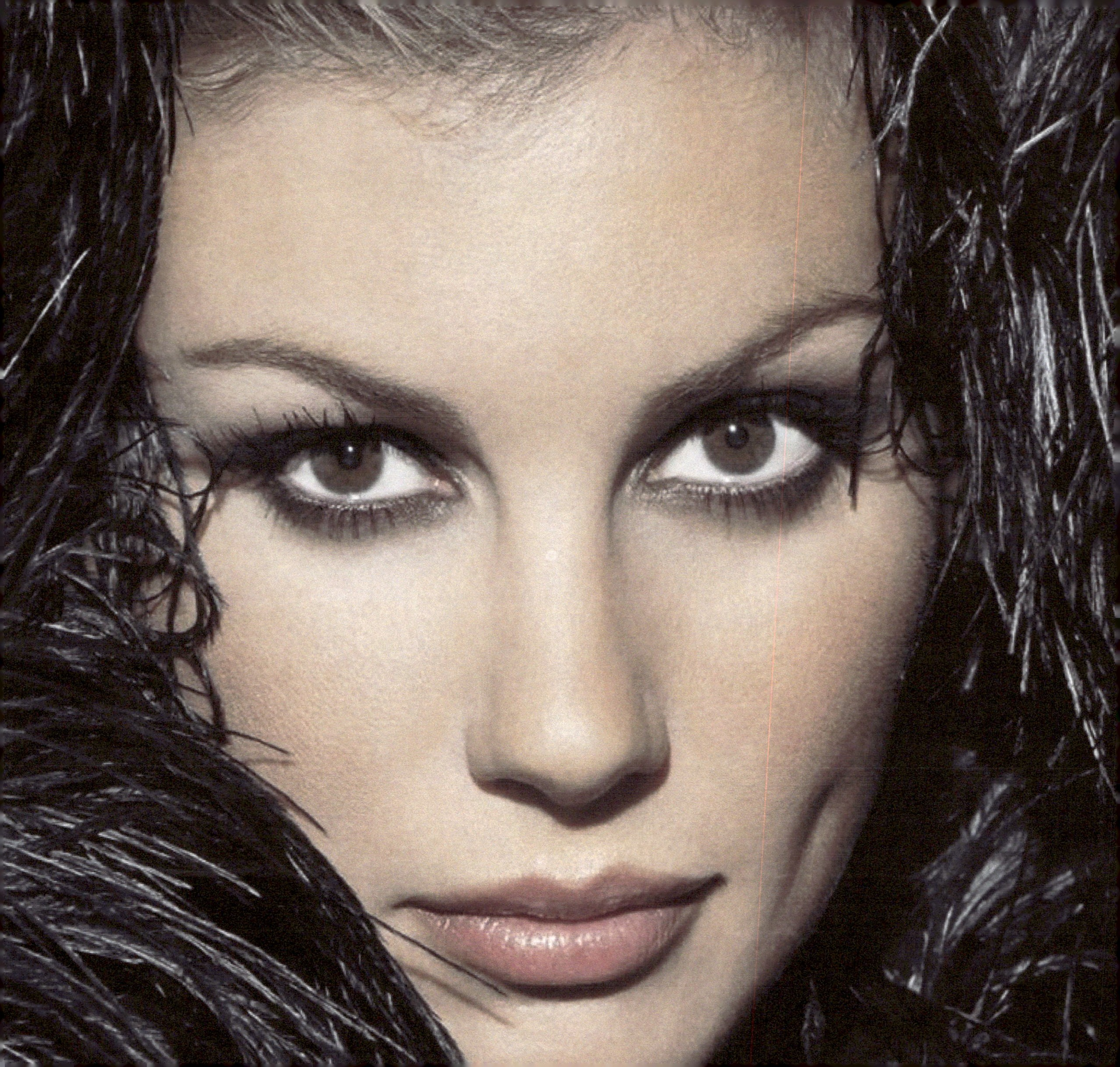

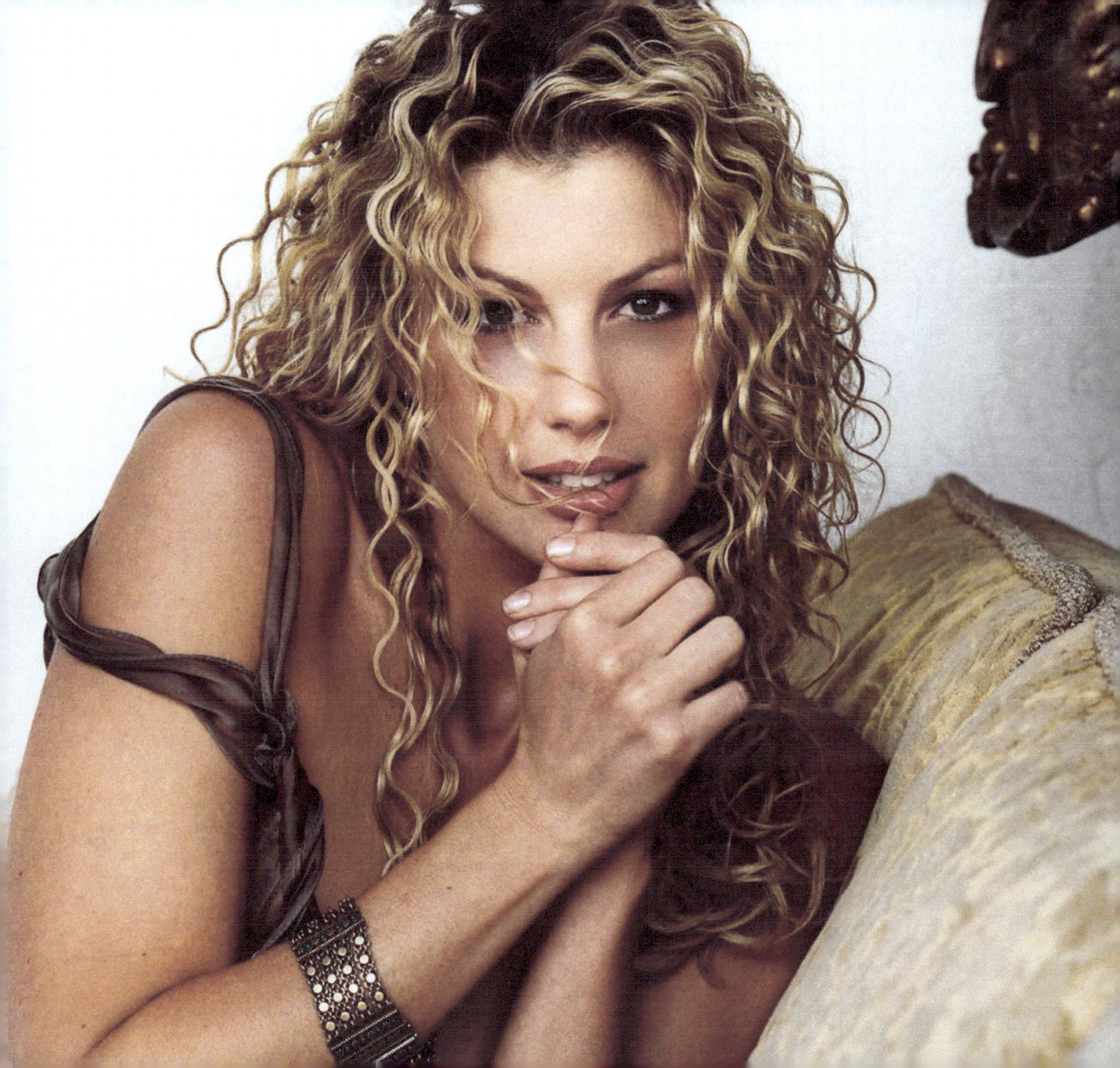

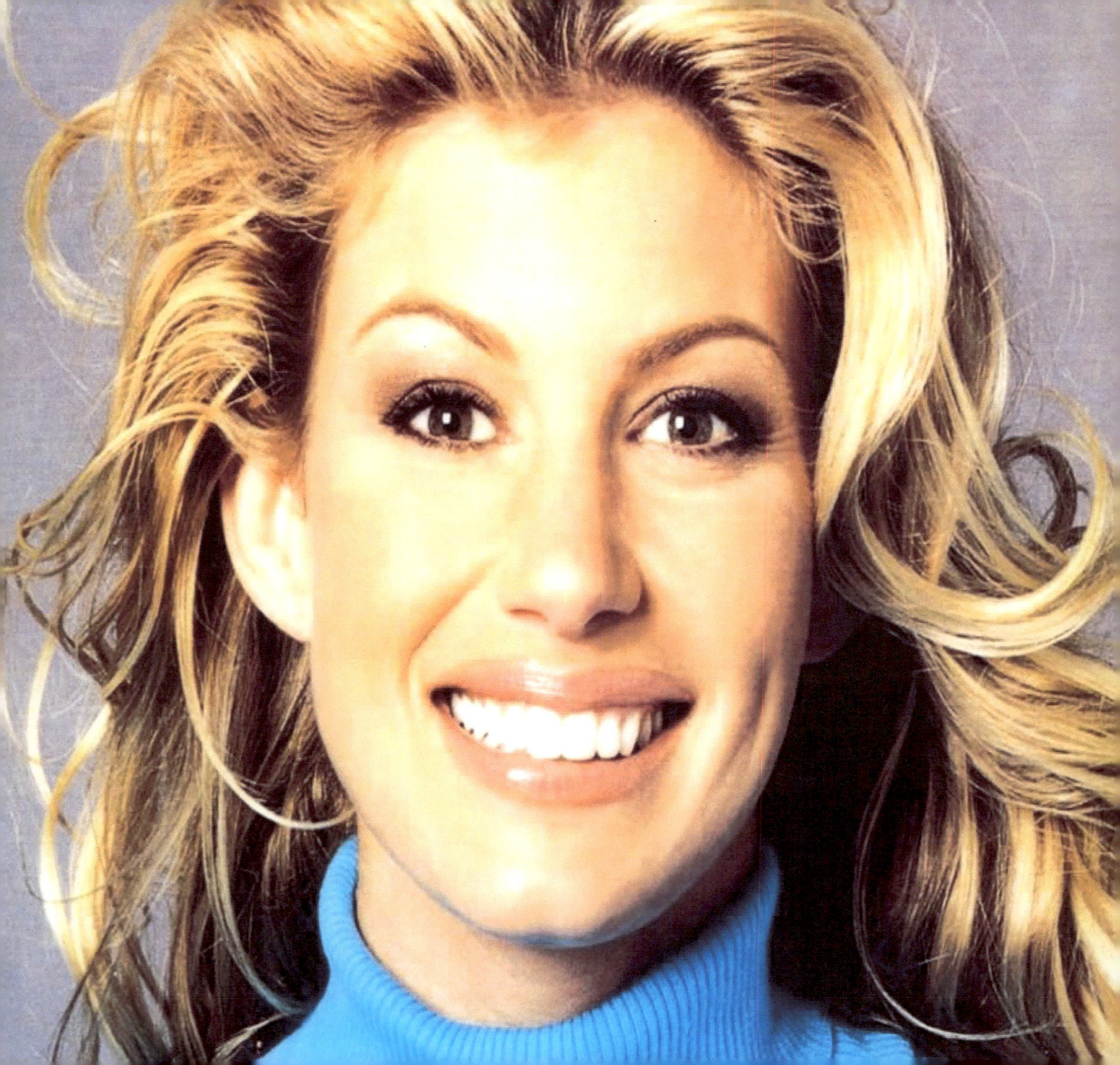

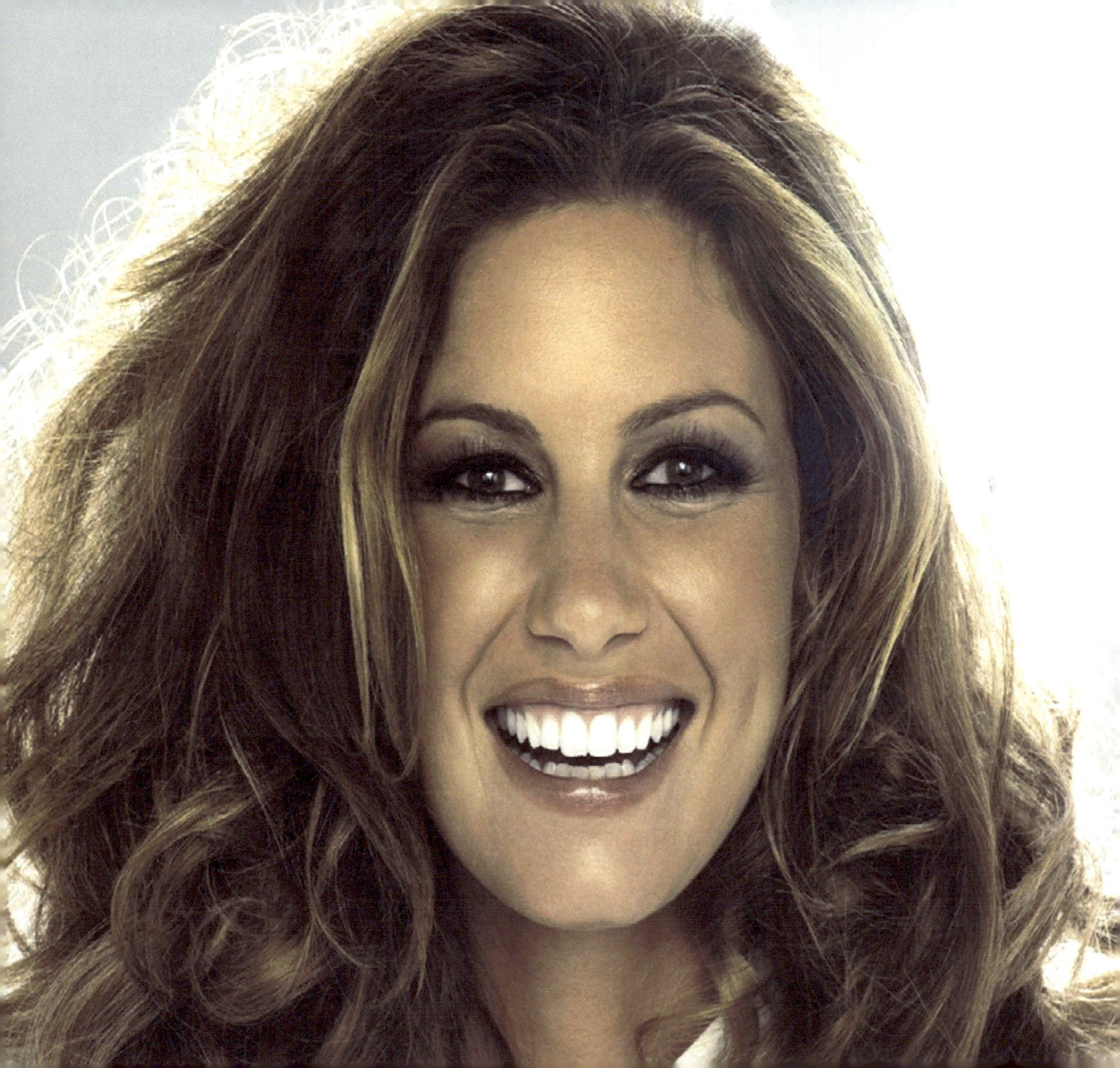

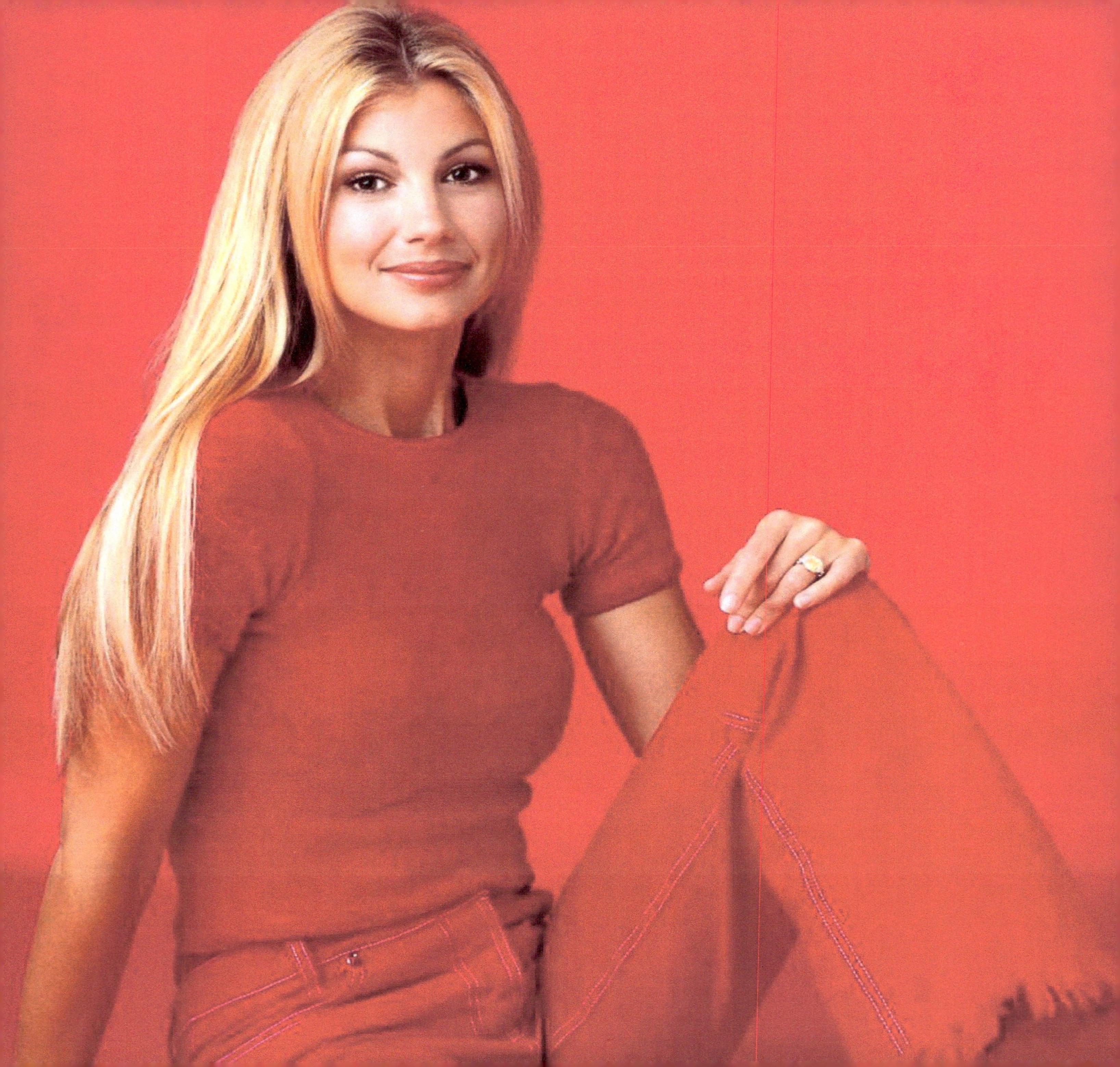

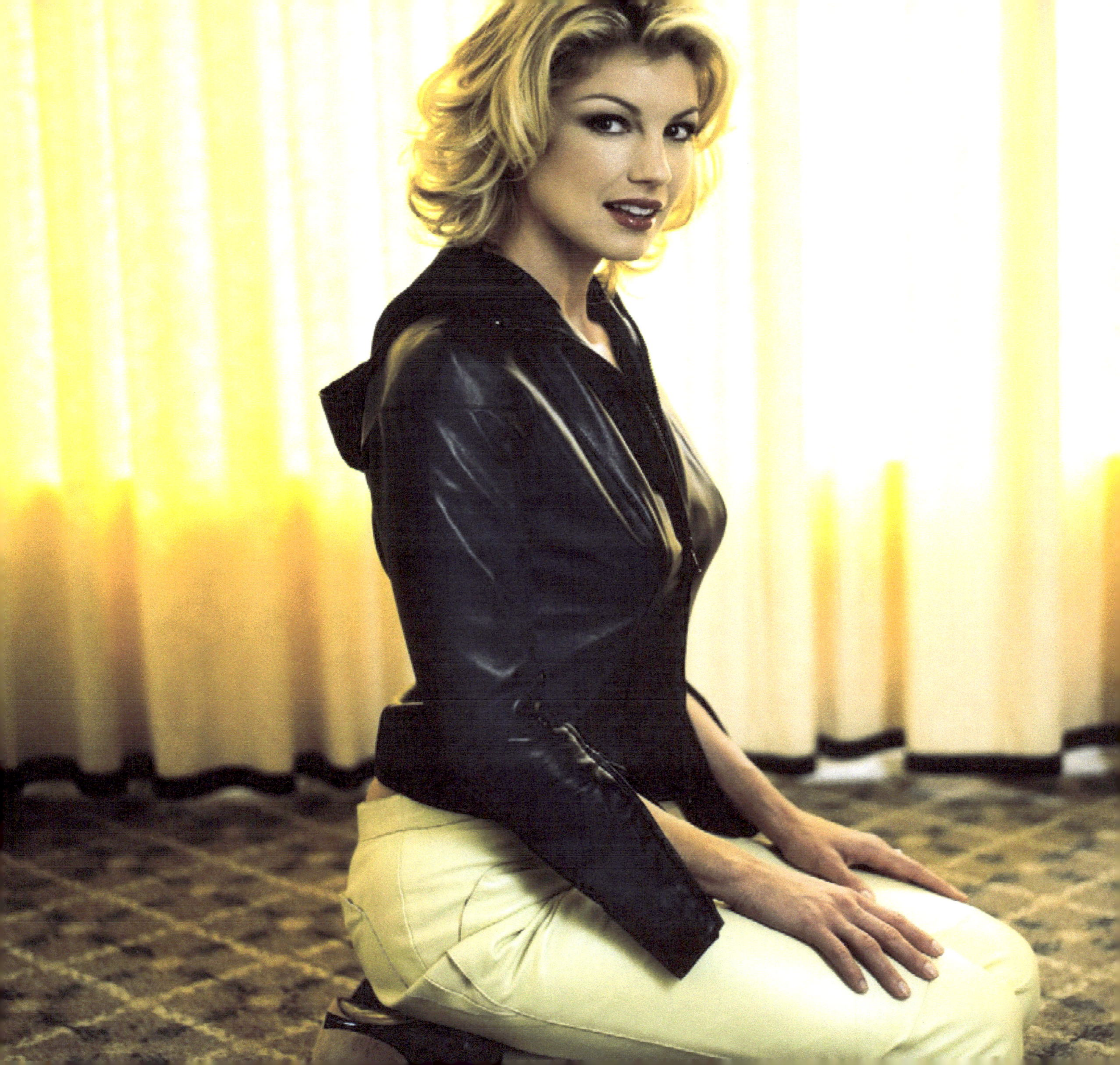

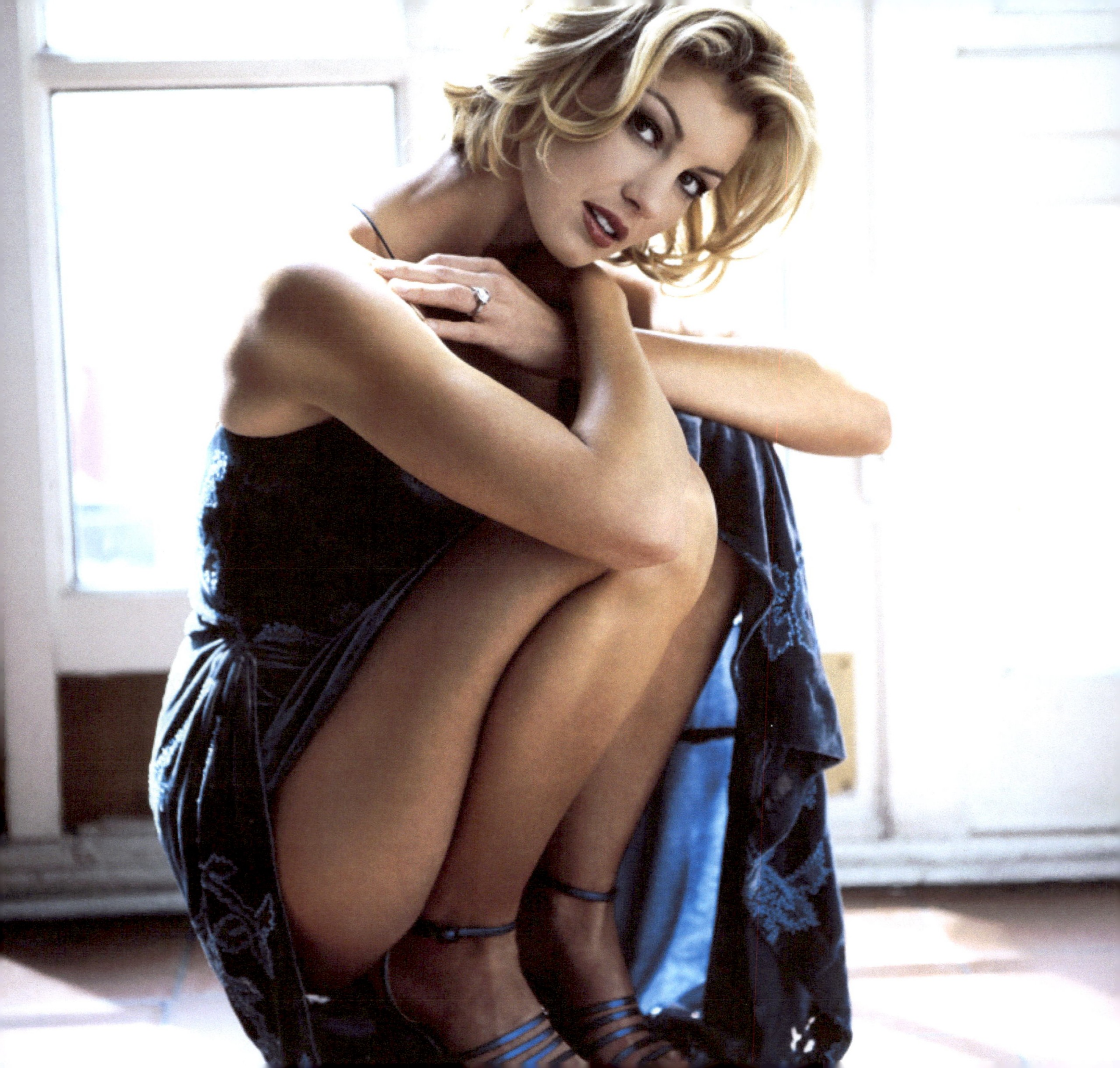

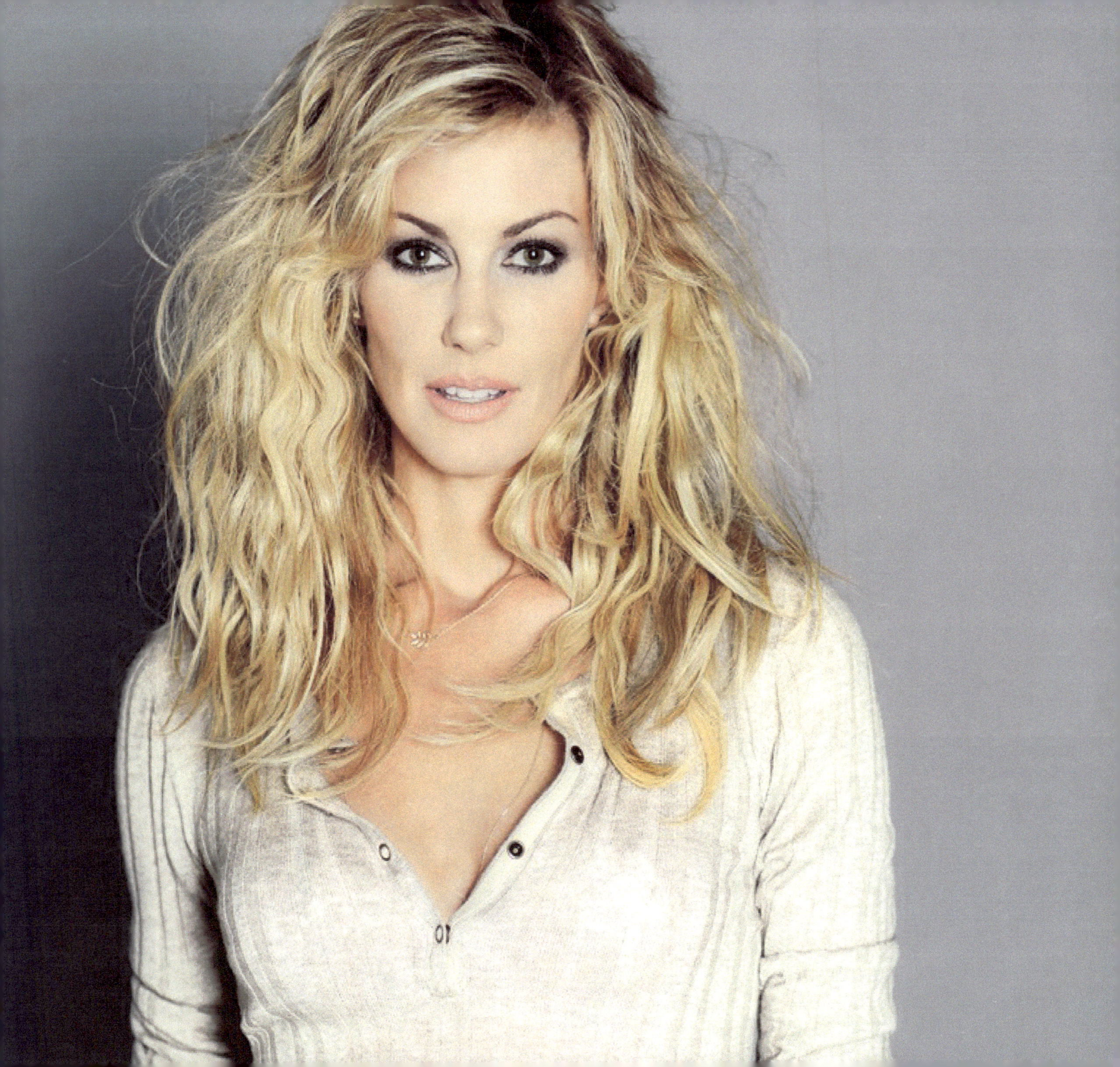

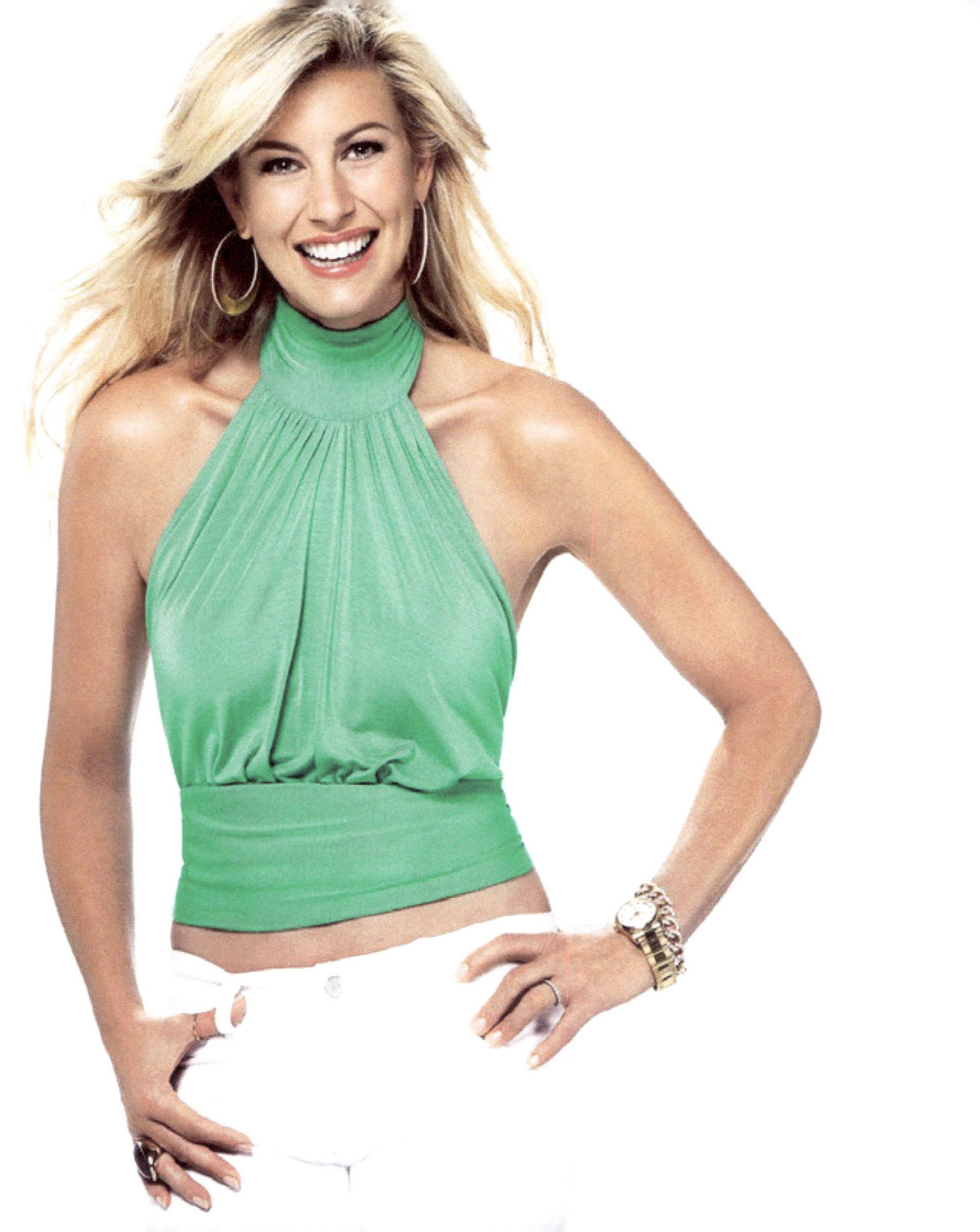

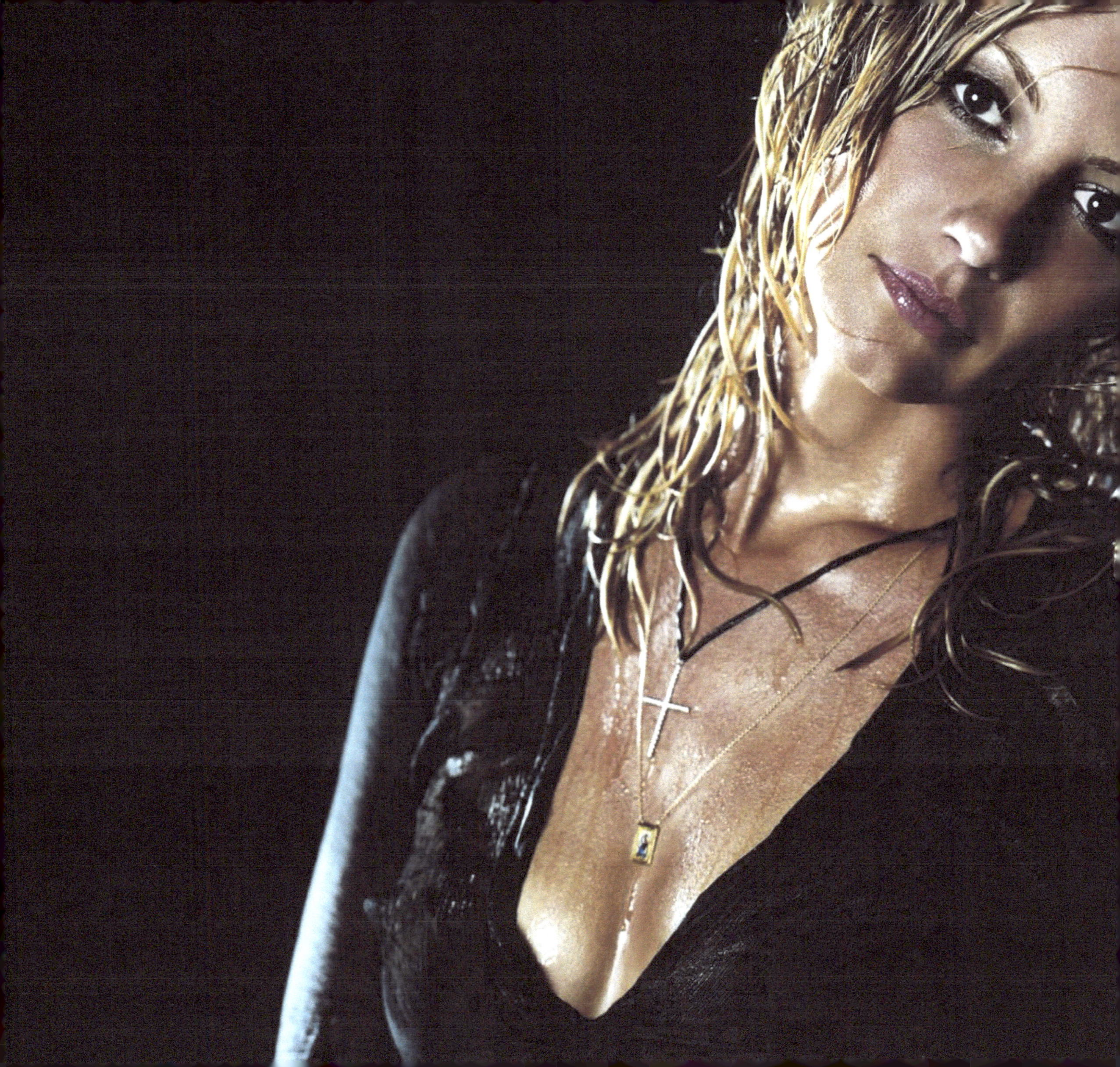

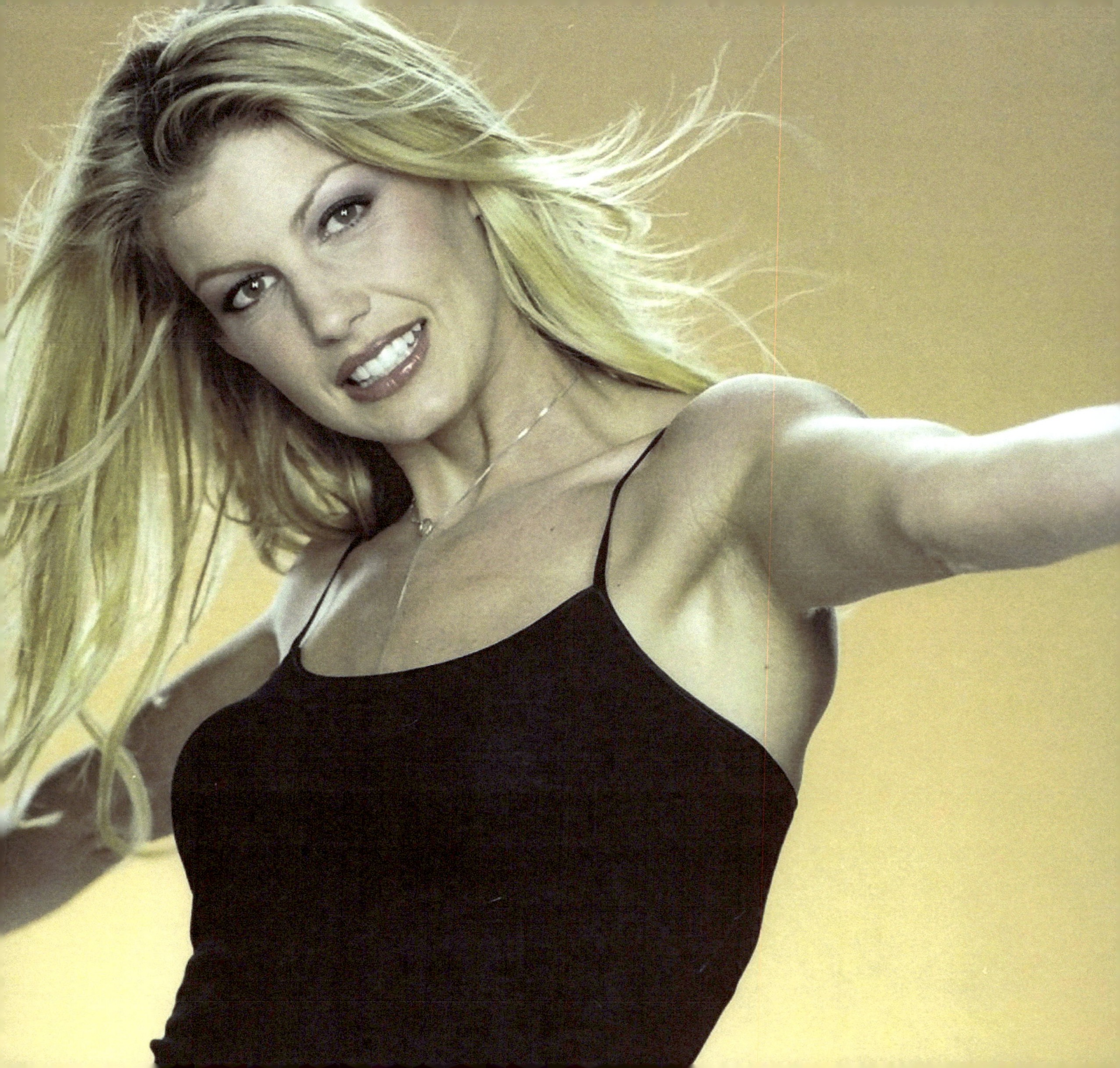

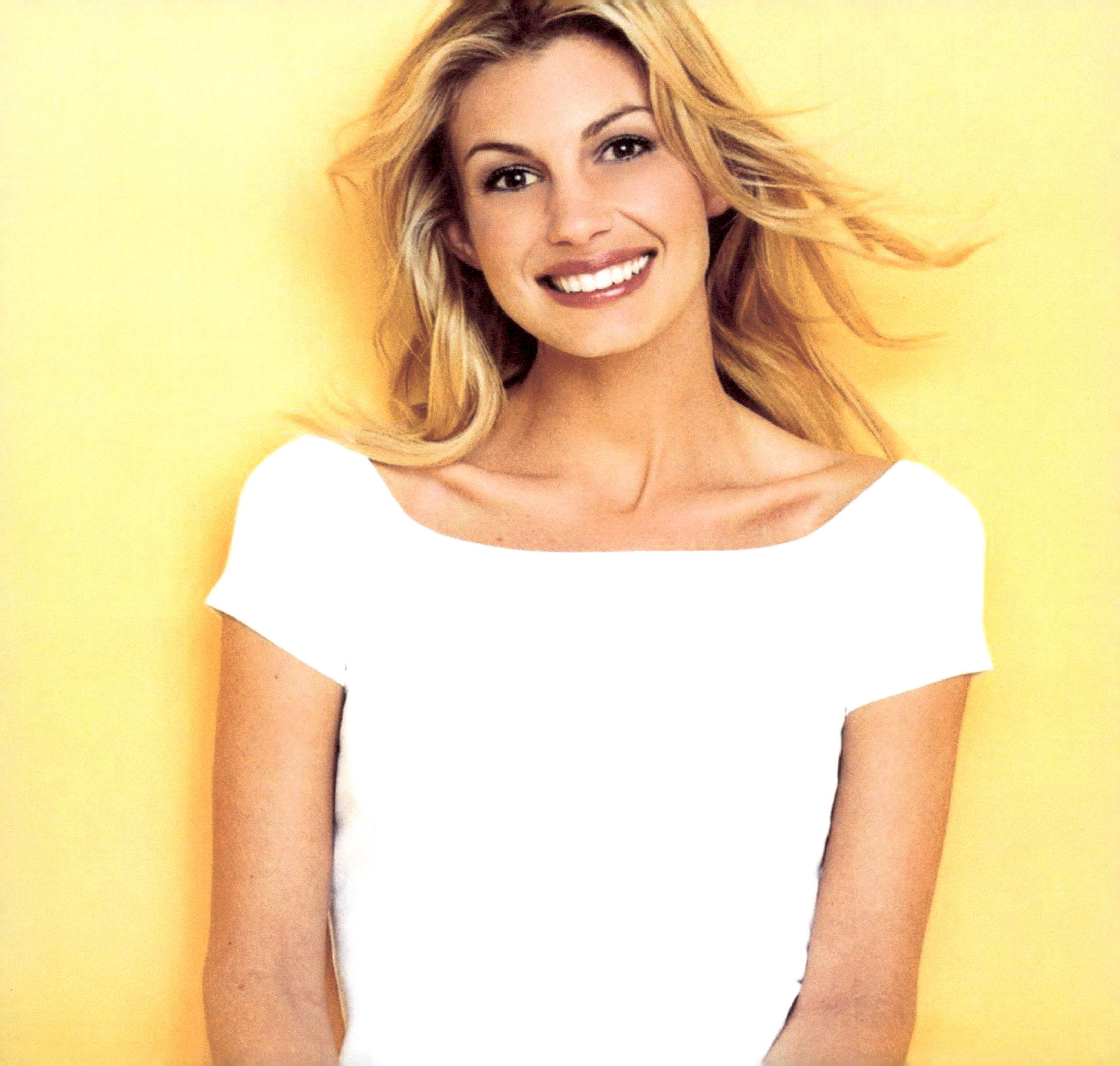

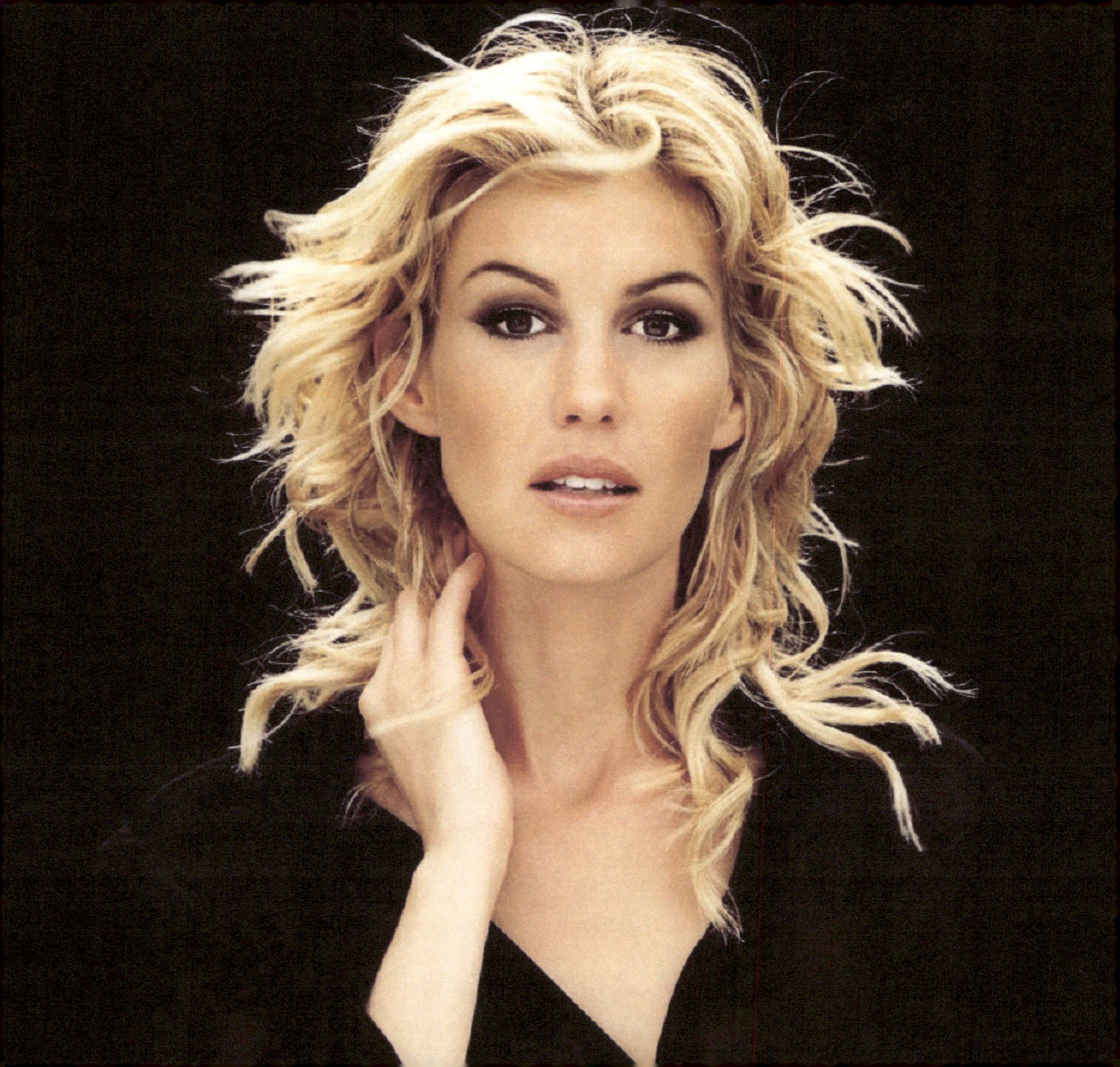

www.ingramcontent.com/pod-product-compliance
Lightning Source LLC
Chambersburg PA
CBHW051831210526
45473CB00005B/1835
* 9 7 9 8 3 6 6 3 9 6 0 2 8 *